うちカフェ
自宅で楽しむ本格コーヒーとカフェインテリア

cafenoma カフェノマ

PROLOGUE
はじめに

幼い頃、朝、両親がゆっくりとくつろぎながら
コーヒーを飲んでいたのが印象的でした。
そして最後に、ひと匙の砂糖を入れたコーヒーをもらうのが
私の朝の楽しみでもありました。

大人になり、仕事で日本各地や世界各国を訪れるうちに、
自然と、お気に入りのカフェを見つけたり、
コーヒー豆やコーヒー道具を探したりすることが趣味になりました。
素敵なインテリアのカフェにも出合い、
いつかこんなふうなおうちでコーヒーを飲めたら……
そんなことも思い描きました。
イタリアへ行ったときにビアレッティのマキネッタに出合い、
これで作るカフェオレのおいしさに感銘を受けたのは
今でも懐かしい思い出です。

この本は、そんな、コーヒーと家が何より好きな
私たちカフェノマ2人の、日々のコーヒーテーブルの記録です。

カフェノマの「マ」は「間（ま）」のことで、
カフェノマとは、"コーヒーのある空間"を意味して作った造語です。
私たちはコーヒーが大好きですが、
決して専門家ではありません。
私たちにとって重要なことは、コーヒーそのものというよりも、
コーヒーのある空間、その暮らしのあり方のほうです。

自分のお気に入りの空間で、心地よく好きなコーヒーを飲む。

そんな暮らしを求めて、コーヒーの淹れ方からおもてなし、
コーヒーに合うおやつ、インテリアなど、
私たちが見つけた、
私たちなりの「コーヒーのある心地よい暮らし」を
この1冊にまとめてみたつもりです。

今日もどうぞ、おいしいコーヒーを！

Spend quality time with a cup of coffee.

Feel relax, being surrounded with the things you love.

Here are some tips to enjoy your coffee at home.

CONTENTS

PROLOGUE はじめに　2

COLUMN
うちカフェ
シチュエーションづくり

1 INTERIOR　インテリア　30
2 DISPLAY　ディスプレイ　56
3 SERVICE　おもてなし　76
4 ITEM　アイテム　92

＊レシピにおいて、オーブンは必ず表示の温度に予熱してから使ってください。熱源や機種によっても焼き上がりが異なりますので、焼き時間は様子を見ながら調節してください。

カフェノマの
コーヒーガイド

おいしい豆の選び方　95
おすすめ豆ショップ　96
飲み方別、おすすめのコーヒー豆　97
牛乳と砂糖のこと　97
ペーパードリップの道具　98
ペーパードリップ　100
　カフェ・オレの作り方／
　アイスコーヒーの作り方　102
　水出しアイスコーヒーの作り方　103
ネルドリップ　104
フレンチプレス　106

20
 22
 24
 26
 28

 42
 44
 46
 48
 50

 64
 66
 68
 70
 72

 86
 88
 90

サイフォン 108

エアロプレス 110

マキネッタ 112
   カフェ・ラテの作り方 113

エスプレッソマシン 114

エスプレッソのアレンジ
   デザインカプチーノの作り方／
   ベイリーズコーヒーの作り方／
   小豆アフォガートの作り方／
   氷コーヒーの作り方 116

コーヒーのおとも

1 体にやさしい豆腐のおやつ 118
   おからケーキ／バナナ豆腐スコーン／
   豆腐生チョコ／豆腐ティラミス

2 パン食セット 120
   ジャム／バター＆チーズ／半熟卵／
   サラダ・ソーセージ

3 手軽なサンドイッチ 122
   アスパラガスのオープンサンド／
   ツナとブラックオリーブのサンドイッチ／
   クロックムッシュ／
   昔の喫茶店風、卵サンドイッチ

cafenoma Q&A 124

EPILOGUE おわりに 126

Time with a cup of coffee

ハンドドリップで、
手間ひまかけて淹れるコーヒーも
楽しみのひとつ。
湯だまりができないように
コーヒー豆の上にそっとお湯を注ぐ。
ほんのひととき頭の中を空っぽにして、
ポタポタ落ちるお湯の様子を
ただただ眺めている、
そんな時間が大好き。

MENU
ペーパードリップコーヒー →P100（ウェーブタイプ）

細口ドリップポット
〈タカヒロ ディモンシュ オリジナルカラー／カフェ ヴィヴモン ディモンシュ〉
ガラスドリッパー〈155 ブラック／カリタ〉
サーバー〈300サーバーG／カリタ〉
マグカップ〈ビンテージ／ARABIA〉

The smallest siphon coffee maker

今日はサイフォンで淹れる。
これは「ミニフォン」という、
小さなカップに一杯分しか作れない、
世界最小サイフォン。
自分のためだけに、
わざわざサイフォンを使ってコーヒーを淹れるなんて、
なんだかとても贅沢な気がする。

寒い冬の日の朝。ミニフォンでコーヒーを飲んでいたら、淹れたてのコーヒーが入ったフラスコからかわいい湯気が立ち上がった！ 今日はなんだかいいことありそうな、そんなほっこりした温かい気持ちになって、しばらくじっとその様子を眺めていた。

MENU
サイフォンで淹れたコーヒー →P108

スリムポット〈月兎印／フジイ〉
ミニフォン〈ハリオ〉

Coffee by the window

窓から眺めるお気に入りの景色。
コーヒーを飲みながら
路上を行き交う人々をぼんやり眺める、
こんな時間が大好き。
コーヒーのおともには手作りマフィン。
ソーサーにのる小さなおやつのレシピを考えるのが、
この頃とても楽しい。

うちの長い窓縁はちょっとしたテーブル代わり。
決して広くはないけれど、ここでサンドイッチ
を食べたりコーヒーを淹れたりして楽しむ。

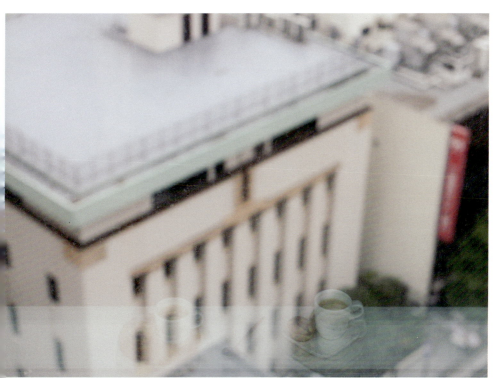

MENU

エスプレッソ →P114

マフィン

右…エスプレッソカップ&ソーサー〈Oiva／ホワイト／マリメッコ〉
左…エスプレッソマグ〈KoKo／ARABIA〉
木のソーサー〈京都のカフェefishで買ったもの〉
デザートスプーン〈クチポール〉

A cafe on the canal

キッチンでのある日の風景。
このインテリアのお手本となったのは、
アムステルダムの運河沿いにある、
古びた小さなカフェ。
赤茶けたレンガの壁と
メニューが書かれた大きな黒板。
好きなインテリアを思い浮かべるとき、
いつもそのカフェが頭にある。

赤いマグカップ〈Falcon Enamelware〉
白いマグカップ〈27 COFFEE ROASTERS〉
エスプレッソカップ〈ラシィマット／マリメッコ〉
エアロプレス〈エアロビー〉
ミニフォン〈ハリオ〉

A cool looking nel dripper

凛とした姿が美しい、ネルドリッパー。
シックで大人っぽいカップや、
抑えめなトーンのインテリアにもよくなじむ。
おそろいのミニチュアのような
ミルクピッチャーとおくと、
なんだか親子連れみたいでかわいい。

「三ノ輪2丁目ネルドリッパー」というネーミングからは、日本の古き良きものを彷彿とさせる匂いがプンプン。医療用ガラスを作っている会社の製品で、すべてがハンドメイドなのだそう。

MENU
ネルドリップで淹れたドリップコーヒー →P104

ネルドリップサーバー・ミルクピッチャー〈三ノ輪2丁目ネルドリッパー・ハンドル付／小泉硝子製作所〉
デミタスカップ＆ソーサー〈アネモネ（ビンテージ）／ARABIA〉

A good croissant

初めて行くパン屋では、
まずはシンプルに食パンを、
そして次にクロワッサンを食べてみる。
一口にクロワッサンといっても
お店によって味や食感はいろいろ。
外はパリパリで、
中の層がしっかりしてバターのうまみが感じられる、
そんなクロワッサンが好み。

MENU
ペーパードリップコーヒー（ステンレスフィルター使用）→P100
クロワッサン

———

カップ＆ソーサー〈ビンテージ／ARABIA〉
バンブーコーヒーサーバー〈東京共同貿易〉
デザートスプーン〈クチポール〉
ミルクピッチャー〈雑貨店 Maduで買ったもの〉

Pancakes with coffee syrup

コーヒーでシロップを作ってみた。
もともとはアイスコーヒーやゼリー用だったけど、
なんとなくこれをパンケーキにかけてみた。
コーヒーの風味がじんわりとパンケーキに染み込んで、
これが思いのほかおいしい。

コーヒーシロップは、好みのコーヒーと同量の砂糖を溶かせばでき上がり。砂糖は、あればざらめや三温糖を使うのがおすすめ。カラメルのようなコクが出ておいしい。

MENU
ネルドリップで淹れたコーヒー →P104
パンケーキにバターとコーヒーシロップ

―――

グレー、白のプレート〈CLASKA Gallery & Shop "DO"〉
ナイフ〈北欧のビンテージ〉
フォーク〈クチポール〉
エスプレッソマグ〈Margarida Fabrica〉
木のトレイ〈北欧のビンテージ〉

Espresso cups from Portugal

お気に入りのカップで飲む一杯のエスプレッソ。
このカップは、ポルトガルの女性陶芸家、
マルガリーダさんの作品。
私たちのインスタグラムを気に入ってくれ
プレゼントしてくれた。
ひとつひとつ表情の違う手作りのマグからは、
彼女のやさしい人柄が伝わってくるよう。

MENU
エスプレッソ →P114

エスプレッソマグ〈Margarida Fabrica〉
デザートスプーン〈クチポール〉

AEROPRESS for a busy morning

どんなに慌ただしいときでも
私たちの一日は部屋の掃除からはじまる。
それはもうほとんど儀式のようなもの。
でもおいしいコーヒーも諦めたくない。
だからそんなときはエアロプレスで淹れる。
ささっと簡単に淹れられる
お気に入りのコーヒー器具のひとつ。

MENU
エアロプレスで淹れたコーヒー →P110

エアロプレス〈エアロビー〉
ミルクピッチャー〈Rattleware〉

Love reading over coffee

キッチンカウンターの端っこに座って
本や雑誌を読むのが好き。
読書のおともは必ずコーヒー。
ポットに淹れてゆっくりじっくり楽しみたい。
そして片手でちょこっとつまめるおやつがあれば
それだけで幸せ。
おやすみの午後はこんなふうに過ごすのが理想。

本棚に背表紙が並ぶ様子もインテリアのひとつ。
うちでは、カテゴリー順や著者別でもなく、背表
紙の色のまとまりやデザインを見て並べている。

MENU
フレンチプレスで淹れたコーヒー →P106
フィナンシェ

エスプレッソカップ〈ラシィマット／マリメッコ〉
エスプレッソソーサー〈Oiva／ブルー／マリメッコ〉
ポット〈神戸の雑貨店 NAIFS で買ったもの〉

うちカフェ シチュエーションづくり 1
インテリア　INTERIOR

真新しいものよりも、どことなく温かみを感じる古いもののほうが好みです。そのなかにあえて新しいものや近代的なものを組み合わせて、古さやのんびりとした雰囲気のなかにも、心地よい清潔感を。絶妙なアンバランスさはいい抜け感にもつながります。

我が家のインテリアのイメージは、仕事で何度も訪れたことのあるオランダ、アムステルダムにあるカフェ。そのカフェをベースにしつつも、シンプルが基本です。丸みのあるものが好きな私と、ミニマルで直線的なものを好む夫とで、カフェノマの2人の好みは実はけっこう違うのですが、一緒に暮らすうちに、だんだんとお互いが心地よく感じるバランスが見つかり、中性的な感じに仕上がりました。けれど、多少生活感があったほうが落ち着くので、配置や家具などをあれこれ変えつつ、今日もインテリアは少しずつ更新中です。

LAMP
ランプ

ザ・コンランショップで見つけたランプは、愛嬌のあるユニークな形に一目惚れ。カフェ気分を一気に盛り上げてくれる、インテリアの隠れた名脇役です。

COUNTER
カウンター

カウンターは白いタイル貼りにして清潔感を。遊びにきた友人はまずここに座り、コーヒーを飲みます。お気に入りの古い赤レンガは、実は外壁用。リノベーション時に、たっての希望でお願いしました。

TABLE & SOFA
テーブル&ソファ

ニュアンスのあるグレーのソファはBo Conceptのもの。スエードのような革張りですが、飲みものなどをこぼしてもさっとふけて便利。コーヒーテーブルは北欧のビンテージです。

Coffee served in pot

カフェや喫茶店に行くと、
ポットでコーヒーを出してくれるお店がある。
「ゆっくりくつろいでくださいね」といわれている気がして、
そんなときはちょっとうれしい。
もちろんたっぷり飲めて幸せ倍増。
というわけで、私的にはポットでサーブされたら
「おー!」なのです。

MENU
ペーパードリップコーヒー →P100
カップケーキ

───

ポット〈日本のビンテージ〉
マグカップ〈ドイツのビンテージ〉
持ち手付きの器〈MOMO natural で買ったもの〉

Affogato with lotus biscuit

美容室でいつも飲みものと一緒にいただく
ロータスのカラメルビスケット。
この日はなんとなく持ち帰った。
おやつタイムに思い出して、
大好きなアフォガートに添えてみる。
スプーン代わりにしてアイスを口に運ぶと、
苦味と甘み、そしてシナモンの風味が一気に広がった。

すっかりうちの定番になったデザート、アフォガート。ぜひ、マキネッタかエスプレッソマシンで作った、コクのある濃厚なコーヒーと合わせて食べたい。

MENU

アフォガート →P117（レシピは小豆アフォガート）

ロータスのカラメルビスケットとバニラアイスクリーム

アイスクリームスクープ〈ゼロール〉
スプーン〈アンジェ ラヴィサント新宿店で買ったもの〉
エスプレッソマグ〈KoKo／ARABIA〉
グラス〈雑貨店 Maduで買ったもの〉

Afternoon break with waffles

キレイに焼くには意外とコツのいるワッフル。
見た目が少々悪くても、
そこはうちカフェならではのご愛嬌。
今日のワッフルはアメリカンタイプのサクサク生地で、
シンプルに粉砂糖だけでいただく。
トレイにラフに紙を敷いて、
コーヒーと合わせてスタイリング。

ワッフルはVitantonio社のワッフル＆ホットサンドベーカーを使用。ベルギーワッフルのような、しっかりと分厚いものが焼き上がる。別売りのプレートを付け替えると、パニーニやたい焼きも作れるのが楽しい。

MENU

ペーパードリップコーヒー →P100

ワッフルに粉砂糖

木のトレイ〈ストックホルムの雑貨店 iris hantverk で買ったもの〉
カップ〈ホガナス ケラミック〉
ポット〈ラッキーウッド〉
木のソーサー〈雑貨店 Madu で買ったもの〉

A snowy day in Yokohama

2014年2月のとある日、
横浜は20年に一度の大雪に見舞われた。
普段はたくさんのひとや車が往来している街も、
白一色に包まれ、静まり返って幻想的。
こんなときはしんしんと積もる雪を眺めながら
おうちでコーヒーに限る。

今日は朝からしとしと雨。清々しい晴れた日と違って、雨の日もまたいいもの。行き交う人たちのカラフルな傘を目で追ったり、窓に落ちてくる雨音に耳を傾けたり。

MENU
ペーパードリップコーヒー →P100〈ウェーブタイプ〉
ビスケット

———

エスプレッソマグ〈KoKo／ARABIA〉
カッティングボード〈雑貨店 Madu で買ったもの〉

Enjoy the classic flavor of cookies

新しいスイーツも気になるけれど、
懐かしい昔ながらのおやつもはずせない。
今日のおともは、泉屋東京店のクッキー。
素朴な見た目といい、
シンプルな味わいといい、
なんだか温かみを感じる。
ここのはときどき無性に食べたくなる。

MENU
エスプレッソ →P114
泉屋東京店のクッキー

エスプレッソカップ&ソーサー〈Oiva／ホワイト／マリメッコ〉

Breads from my favorite bakery

好きなパンを少しずつ、好きなだけ。
こんなわがままな食べ方が許されてしまうのが、
うちカフェのいいところ。
パン好きにとって、これ以上うれしいことはない。
この日は眺めているだけでも楽しい、
湘南midi a midiのパンをとりどり揃えて。

MENU
フレンチプレスで淹れたコーヒー →P106
midi a midi のパン6種
バター

木のトレイ、白いプレート〈ともに代々木上原の雑貨店 暮らしの店 黄魚で買ったもの〉
エスプレッソマグ〈KoKo／ARABIA〉
ポット〈ラッキーウッド〉
バターの入ったココット〈DEAN&DELUCA〉

Banana french toast

牛乳、卵、食パンでできるフレンチトースト。
いつも家にある食材なのに
すぐに作れるすぐれもの。
バナナがあれば、
それをのせるだけで
カフェ風メニューに早変わり。

別の日のフレンチトーストは、ドライフルーツ入りのパンを使って一人用のフライパンにクリームとサーブ。パンの種類によって味や食感が変わるのも発見があって楽しいもの。デニッシュ生地の食パンを使ってもふわふわな仕上がりになっておいしい。

MENU
ペーパードリップコーヒー →P100
バナナフレンチトースト

———

プレート〈maison blanche classique〉
マグカップ〈ドイツのビンテージ〉
洋ナシ形の木の器〈B-COMPANYで買ったもの〉
ウェーブドリッパー〈155／カリタ〉
サーバー〈300サーバーG／カリタ〉
フォーク〈那須塩原の雑貨店SOMA JAPONで買ったもの〉
ハニーディッパー〈代々木八幡のカフェ ビボワンヌで買ったもの〉

Just fresh from the oven

焼き立てのスイーツを
そのままテーブルにサーブできるのも、
うちカフェならでは。
カジュアルにバットのまま出すこのスタイルが
けっこう気に入っていて、
野田琺瑯の小さいホーローバットを愛用中。

MENU
エアロプレスで淹れたコーヒー →P110
プチケーキ2種

バット〈手札／野田琺瑯〉
プレート、カップ〈ARABIA〉
ポット大・小、シュガーポット〈ラッキーウッド〉
大きなナイフ〈Jean Dubost〉
ステンレスのフォーク〈SORI YANAGI〉
木のフォーク〈家具雑貨店 ACTUSで買ったもの〉
木のトレイ〈代々木上原の雑貨店 暮らしの店 黄魚で買ったもの〉

Enjoy brewing
with siphon coffee maker

大好きなカップ&ソーサーでいただく今日のコーヒーは、
サイフォンで。
クリアですっきりした味わいが私たちの好み。
ポコポコとお湯が沸き上がり、
部屋中にコーヒーの香りが広がる様は、
やっぱりサイフォンの醍醐味だなと思う。

小さい頃、両親がコーヒーを飲むときに必ず登場していたダンスクの黒いコーヒーカップ。実家のカップボードにあったそのカップを、ずっといいなぁと思っていた。欠けているところもあるけれど、今では譲り受けた私たちのテーブルにすっかりなじんでいるのがうれしい。

MENU
サイフォンで淹れたコーヒー →P108

コーヒーカップ&ソーサー〈ダンスクIHQ〉
テクニカ〈ハリオ〉

Sweet souvenir from Kansai

大阪に生まれ育った私だけど、
横浜での生活がすっかり長くなり、
むこうのおやつ事情に少し疎くなってしまった。
関西は本当においしいおやつの宝庫だと思う。
そんな夢の国からうれしいおみやげ、
ハットトリックというお店の洋梨タルト。
ごちそうさまでした！

MENU
エアロプレスで淹れたコーヒー →P110
洋梨のタルト

プレート〈CLASKA Gallery & Shop "DO"〉
四角いプレート〈maison blanche classique〉
カップ〈グスタフスベリ〉
ポット〈カフェマメヒコ〉
ナイフ〈SUNAO〉
フォーク〈Tsubame shinko〉
木のトレイ〈北欧のビンテージ〉

Waffles with plenty of cream

お店で食べるものだと思っていたワッフルも、
ワッフルメーカーさえあれば
いつでもおうちで食べられる。
ハートの形でアツアツがサーブされたら、
それだけで盛り上がるし、
軽い食感だから、クリームやソースともなじみやすい。
焼き上がりがいつも待ち遠しい。

思い立ったらすぐ使えるシンプルな構造の、アルプレッサのハート型ワッフルメーカー。余分な機能がない分、使い方もいたって簡単。外はサックリ、中はふんわりで、ほかのワッフルメーカーのものに比べてやや薄めに焼き上がる。

MENU
ハートのワッフルに粉砂糖と、マスカルポーネクリーム、ブルーベリーソース

ワッフルメーカー〈ハート型／アルプレッサ〉
白、グレーのプレート〈CLASKA Gallery&Shop "DO"〉
デザートフォーク〈家具雑貨店Actusで買ったもの〉
ジャム瓶に挿してある木のスプーン〈雑貨店Maduで買ったもの〉

Lunchbox sandwichs

この日のランチには、
紫キャベツに質のよいロースハムを、
アボカドにクリーミーなチーズを合わせて
野菜いっぱいのサンドイッチを作った。
たまには箱に詰めてカフェのテイクアウト風に。
そんな工夫も、また楽しい。

薄手の軽い木箱があると何かと便利。サンドイッチはもちろん、クッキーや手作りの焼き菓子を詰め合わせるだけで、ほんの少しバージョンアップして見えるから不思議。このままテーブルに出しても気取らない感じがしていいし、食べきれなかったものはそのまま保存できる。

MENU
エアロプレスで淹れたコーヒー →P110
キャベツサンドイッチ
アボカドサンドイッチ

木の箱〈家具雑貨店 ACTUS で買ったもの〉
カップ&ソーサー〈ビンテージ/ARABIA〉
ポット〈カフェマメヒコ〉

うちカフェ シチュエーションづくり 2
ディスプレイ DISPLAY

　コーヒーにはまったのは、実は器具や道具がきっかけでした。洗練されたフォルムやユニークな形状、デザイン性のあるものなど、インテリアとしてディスプレイすると美しいものがたくさんあります。自分の好きなものに囲まれ、それを眺めながら飲むコーヒーは格別。だから、各コーナーのディスプレイも、インテリアの一部として大事に考えます。

　好きなコーヒー器具ばかりを並べたこのシェルフは、我が家では「コーヒーステーション」と呼んでいるお気に入りのスペース。どの豆を使おうか選んだり、ポットを持ってきてここでコーヒーを淹れたり、エスプレッソマシンを使ったり……。ディスプレイはマイブームがあったりもするので、使い勝手を考えつつ、頻繁に小さな模様替えを繰り返しては楽しんでいます。

ESPRESSO CUP
エスプレッソカップ

エスプレッソカップは、小料理屋に出てくるお猪口をヒントに、大きな木のボウルに伏せて並べています。カップのお尻たちも、またひとつひとつ個性があって面白いのです。

BLACKBOARD
黒板

コーヒー器具が増えた頃、数ある淹れ方のなかから好みのものを選んでもらえるようにと、黒板にメニューを書くように。近々壁の一部をDIYで黒板にしようと計画しています。

POSTER
ポスター

ポスター一枚で部屋に新しい表情が生まれるので、定期的に中の絵を替えては楽しんでいます。左のさくらんぼのものは、ストックホルムまで探しに出かけた思い出深いもの。

CUPBOARD
カップボード

長い時間をかけていろいろな国や場所から買い集めたコーヒーカップは、雑貨店Maduで購入したカップボードにお行儀よく並べて。懐かしい感じのするビンテージのものが多いです。

Lotushamburg & egg sandwiches

うちでハンバーグといえばれんこん入り。
ひき肉とすりおろしたれんこんを2:1の分量で混ぜ、
炒めた玉ねぎも加えて、
塩、こしょう、しょうゆで味つけ。
そこに牛乳で湿らせたパン粉を入れ、
形をととのえて焼けばでき上がり。
フレッシュな野菜、半熟卵と一緒に。

また別の日には、小さいバンズを使った一口サイズのれんこんバーガーを。形が違うパンで挟むとまた違った印象になる。

MENU
フレンチプレスで淹れたコーヒー →P106
れんこんハンバーグサンドイッチ

カッティングボード〈北欧のビンテージ〉
カップ＆ソーサー〈ホガナス ケラミック〉
調味料を入れた小さな器〈DEAN&DELUCA〉
スプーン〈雑貨店 Maduで買ったもの〉

Tuna & black olive sandwiches

とあるカフェのモーニングで出合ったサンドイッチ。
とてもおいしかったので家でまねしてみる。
以来、すっかり定番メニュー。
もちろんレシピは想像だし、
作るたびに少しずつ違う味になっているけれど、
おいしかったものを試行錯誤しながら
家で再現するのは楽しい。

玉ねぎ、酢で酸味をきかせたツナにみじん切りにした黒オリーブをたっぷりのせて。グリルパンで焼いたパンで挟んだら、見た目も印象的な大人のサンドイッチに。ワインのおともにももちろんおすすめ。

MENU

ツナとブラックオリーブのサンドイッチ →P123

プレート〈porvasal〉
ガラス皿〈雑貨店 Maduで買ったもの〉
バターナイフ〈Jean Dubost〉
カッティングボード〈北欧のビンテージ〉
ココット〈DEAN&DELUCA〉
スプーン〈雑貨店 Maduで買ったもの〉

Chat over a pot of coffee

気のおけない友人との話は
ついつい長くなりがち。
そんなときは一人ひとつずつポットを用意。
ウォーマーのおかげで、
いつまでも温かいコーヒーを楽しめるのがうれしい。
小さな炎がちらちらと揺れ動くのを見ていると、
なんだか心まで温かくなる。

MENU

ペーパードリップコーヒー →P100

カップ&ソーサー〈グスタフスベリ〉
ケーキドーム〈ASA Selection〉
ポット&ウォーマー〈アムステルダムの雑貨店 DILLE&KAMILLE で買ったもの〉
フォーク〈家具雑貨店 ACTUS で買ったもの〉

All tofu sweets

最近ではどこでも気軽に買える豆腐ドーナツ。
だけどやっぱり揚げ立てのアツアツを
家でほおばるのが一番。
同じく豆腐で作った豆腐生チョコもサーブして、
今日は豆腐づくしのヘルシーおやつが
コーヒーのおともに。

豆腐ドーナツは子どもの頃に母が作ってくれた懐かしい味がお手本。溶き卵(1個分)に砂糖(大さじ3)、米油(小さじ2)を加えて混ぜ、泡立て器でつぶしてなめらかにした絹豆腐(100g)も加えてさらに混ぜる。合わせてふるった薄力粉(100g)と強力粉(50g)、ベーキングパウダー(小さじ2/3)を加えてざっくりと混ぜたら、180℃の揚げ油の中に、スプーン2本を使って丸く落とせばOK。熱いうちに砂糖をまぶしてどうぞ。

MENU
エスプレッソ →P114
豆腐ドーナツ
豆腐生チョコ →P119

―――

トレイマット〈SOU・SOU〉
カッティングボード〈雑貨店 Maduで買ったもの〉
エスプレッソマグ〈KoKo／ARABIA〉
シュガーポット〈ラッキーウッド〉
フォーク〈SORI YANAGI〉

Strawberry sandwiches

旬の時期にふと作ってみたくなった
いちごサンド。
クリームはマスカルポーネにヨーグルト、
メープルシロップ、レモンを加えて
作ったもので、
さっぱりしたあと味がお気に入り。
どんな断面になっているかなと、
包丁を入れるときは
いつも祈るような気持ち。

MENU
ペーパードリップコーヒー →P100
いちごサンドイッチ

カップ&ソーサー〈グスタフスベリ〉
木のトレイ〈北欧のビンテージ〉

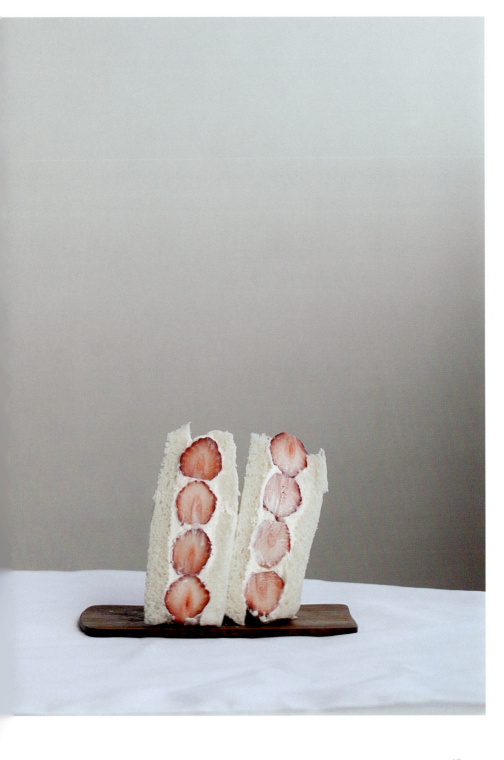

Small plates brunch

今日は冷蔵庫の残りものでブランチメニュー。
みんな余りものだけど、
いろいろな形の豆皿に少しずつ取り合わせると、
見た目も楽しいプレートに。
お皿やトレイを毎回替えて、
スタイリングも一緒に楽しみます。

この洋梨形の木の器は、もともとアクセサリー入れとして売られていた。小ぶりなので一口サイズのお菓子をのせるとちょうどいい。落ち着いた色味だから、いろいろなカップとの相性もよく、気に入っている。

MENU
ネルドリップで淹れたドリップコーヒー →P104
白パン
黄色いトマトとモッツァレラチーズのサラダ
じゃがいもの冷たいスープ
キウイヨーグルト
ミニキッシュ

———

洋梨形の木の器〈B-COMPANYで買ったもの〉
木のプレート〈北欧のビンテージ〉
エスプレッソマグ〈KoKo／ARABIA〉
ガラスカップ〈雑貨店 Maduで買ったもの〉
スプーン、フォーク〈アンジェ ラヴィサント新宿店で買ったもの〉

Asparagus toast

食パンに小さいアスパラガスと
チーズをのせて焼いただけの、
本当に簡単なトースト。
シンプルだけど食べ応え十分で朝食にぴったり。
フライパンのままテーブルにサーブすると、
それだけで様になっていていい感じ。

まずなんといってもその小ささがかわいい一人用のフライパン。オムレツを作ったり、ソーセージを焼いたりと、使い勝手もよく重宝している。小さいアップルパイなど、アツアツ焼き立てをそのままサーブできるのもうれしい。

MENU

アスパラガスのオープンサンド →P122
ゆで卵

フライパン〈スキレット 5inch／LODGE〉
プレート〈maison blanche classique〉
フォーク〈SORI YANAGI〉
塩をのせた皿〈中目黒の雑貨店 ハイジで買ったもの〉
スプーン〈雑貨店 Maduで買ったもの〉

One plate dish

ワンプレートでどんな盛りつけをしようかと
考える時間が楽しい。
まずは昨日の残りもののキッシュをのせ、
あとは冷蔵庫にあるもので彩りを考え……と、
どんどんお皿の隙間を埋めていくイメージ。
「冷蔵庫にあるものでなんとか完成させる」がモットー。

キッシュはパイ生地の代わりに食パンを麺棒で伸ばして使う。パイ生地のように温度に左右されずに調理が進められて簡単。中は生クリームの代わりに豆腐を使ってヘルシーに。チーズが入っているので、キッシュらしい食べ応えはそのまま感じられる、ヘルシーなメニュー。

MENU

サイフォンで淹れたコーヒー →P108
ベーコンとほうれん草の豆腐キッシュ
カイワレ大根のサーモン巻き
野菜サラダにわさびソース
枝豆のスープ

───

木のトレイ〈北欧のビンテージ〉
白いプレート〈代々木上原の雑貨店 暮らしの店 黄魚で買ったもの〉
エスプレッソマグ〈KoKo／ARABIA〉
ソースを入れた瓶〈ジャムの空き瓶〉
木のスプーン〈スタジオ エム〉
フォーク〈家具雑貨店Actusで買ったもの〉

Iced coffee for hot summer days

うだるような夏の暑い日には、
やっぱりアイスコーヒー。
濃いめに作ったコーヒーを
氷の中に注ぐ急冷式もいいけれど、
今日は長時間かけてゆっくり抽出する
水出しコーヒーにしてみた。
とてもまろやかですっきり飲みやすい。

前の晩に準備した水出しコーヒーをポットごと冷蔵庫に保存しておくと、翌朝、テーブルへそのままサーブできる。氷がなくてもほどよい冷たさで、目覚めの一杯にぴったり。苦みがなく、角が取れた印象で一日に何杯でも飲める。

MENU
水出しアイスコーヒー →P103

ガラスの瓶〈KILNER〉
グラス〈ボルミオリ・ロッコ〉
ミルクピッチャー〈雑貨店 Maduで買ったもの〉

うちカフェ シチュエーションづくり 3
おもてなし SERVICE

友人が遊びにきてくれたときには、とにかく気を遣わずに、自宅にいるようにリラックスしてほしいという思いがいつもあります。

たとえば、私は甘いものやコーヒーが大好きだけど、みんながそうとは限らない。それぞれ楽しんでもらいたいから、飲みものはコーヒーだけでなく、紅茶も常時2種類用意します。コーヒーが好きなひとには、好きなコーヒー豆のタイプや淹れ方、飲み方を聞いてから用意したり、好きなカップを選んでもらったり。

甘いものは、まずはそっとソーサーに袋入りの小さなお菓子を添えてサーブし、甘いものが得意ではないひとも、気兼ねなく手をつけずにおけるようにします。逆に甘いものが好きなひとには、別のお皿にいろいろな種類を盛りつけておいて、いつでも気軽につまんでもらえるように。こんな小さな工夫でくつろいでもらえたらとてもうれしい。

MINI CAKE
ミニケーキ

来客の方も気軽につまみやすいミニケーキは、小さなホーローバットで作ります。気のおけない友人の場合は、バットのままサーブすることも。

CUP & SAUCER
カップ＆ソーサー

セットアップしたカップ＆ソーサーもいいけれど、組み合わせを崩すとほどよくカジュアルダウン。よそ行き感をなくして、リラックスした雰囲気を楽しんでもらう工夫です。

POT SERVICE
ポットサービス

好みに合わせたポットを一人ずつに出すと、テーブルを立つことなくおしゃべりに没頭できます。寒い時期はウォーマーをつけると、いつまでも温かいまま。

How to make an Iced latte

エスプレッソで作るカフェ・ラテは濃厚で、
コーヒーの味がギュッと詰まった感じがする。
この日は、エスプレッソに
黒糖シロップを混ぜてグラスに入れ、
そのうえから氷を、
そして牛乳を静かに注いでみたら、
おいしそうなマーブル模様ができ上がった。

MENU
黒糖シロップ入りのアイスカフェ・ラテ

ガラス瓶〈すべてWECK〉

Frozen cafe latte in the lovely bottles

もともとりんごジュースが入っていたガラス瓶。
そのころんとした姿や装飾が
あまりにもかわいいので、大事に取っていた。
今日はその空き瓶を使って
黒糖入りフローズン・カフェ・ラテを。
おともにはしっとり食感のブラウニー。

フローズン・カフェ・ラテの作り方は、キューブ状に凍らせたエスプレッソと、牛乳、黒糖シロップを一緒にミキサーにかけてしゃりしゃりした状態にすればでき上がり。ちょっと手間がかかるけれど、コクのあるコーヒーの苦みと牛乳や黒糖との甘さのバランスが絶妙。ぜひおためしを。

MENU
黒糖入りフローズン・カフェ・ラテ
ブラウニー

———

ガラス瓶〈マルティネリ アップルジュース 296ml の空き瓶〉
木の小皿〈京都のカフェ efish で買ったもの〉

Healthy okara cake

もうすっかりいい大人だけど、おやつは毎日食べたい派。
とはいえカロリーも気になる私の定番は、
おからを使ったパウンドケーキ。
淡白な味になるかと思いきや、
もっちりしっとりとしてなかなかおいしい。
ダイエットをしてないひとにももちろんおすすめ。

ケーキは小さい型で作ると何かと便利。2つ作れば、ひとつは友達にあげたり、もうひとつは自分で焼き具合や味をチェックできたりする。小さめに焼くことで、コーヒーに添えるのにちょうどいいサイズに焼き上がる。

MENU

ペーパードリップコーヒー →P100
おからケーキ →P118

———

ポット〈カフェマメヒコ〉
スクエアプレート〈maison blanche classique〉
カップ&ソーサー〈ホガナス ケラミック〉
水を入れたグラス〈デュラレックス〉
ミルクを入れたピッチャー〈雑貨店 Maduで買ったもの〉
シルバーのフォーク〈SUNAO〉
真鍮のフォーク〈那須塩原の雑貨店 SOMA JAPONで買ったもの〉
リネンナプキン〈フォグリネンワーク〉

An idea to turn leftovers into breakfast

残りものの朝食セット。
うちで定番になったのは偶然のきっかけ。
作っていたものが少しずつ余っていた。
無造作に豆皿に入れて、丸い木のトレイにのせていた。
それがパレットの様に見えて面白いと思ったのがはじまり。

うちで活躍している豆皿たち。実家にあったものや、MOMO naturalで買ったものなど、色や質感、形もさまざま。いろいろなタイプの豆皿を組み合わせてみると、そのアンバランスさが素朴な感じを出してくれたりもする。

MENU
エアロプレスで淹れたドリップコーヒー →P110
ブルーベリーチーズマフィン
エスプレッソ仕立てのカフェオレゼリー
アスパラとオリーブのハムサラダ
トマトの冷たいスープ
グレープフルーツヨーグルト
半熟卵、バタートースト

カッティングボード、ガラスカップ、ヨーグルト、カフェオレゼリーを入れたガラスの器、スープに挿したスプーン〈すべて雑貨店 Maduで買ったもの〉、スープの器〈Maduで買ったもの〉、洋梨形の木の器〈B-COMPANYで買ったもの〉、デザートスプーン〈クチポール〉、フォーク〈SORI YANAGI〉、エスプレッソマグ〈KoKo／ARABIA〉

Happy baking for her

長年の友人がときどきうちにやってくる。
たまには家事や子どもから離れて外に出たいはずなのに、
行きたいところは決まって我が家。
「なんだかホッとする」といってくれる。
そんなやさしい友人のために、
今日は手作りケーキを用意して彼女の到着を待とう。

チョコと紫いものおからケーキを重ねたもの。デコレーションは豆腐で作ったチョコクリームで。最後に上から板チョコを削り、粉砂糖をかけてお化粧してみた。手作り感満載の素朴な見た目も自分らしい。

MENU

ペーパードリップコーヒー →P100

チョコと紫いものおからケーキ

コーヒーサーバー〈ケメックス〉
カップ&ソーサー〈ビンテージ／ARABIA〉
ケーキドーム〈ASA Selection〉
デザートフォーク&ナイフ〈クチポール〉
取り分け用の皿〈porvasal〉
リネンマット〈フォグリネンワーク〉

Nice wood cutting board

よく行くアメリカングリルのお店では、
料理がカッティングボードに無造作に盛られてくる。
気取らない感じが気に入って、
さっそく自宅用に大小さまざまなボードを買い集める。
新しいものより使い込んだものが好きだから、
今日もガシガシ使っています。

カッティングボードはいろいろな大きさを持っていると便利。大きなほうには皆で分け合うパンやチーズを、小さなほうには一人分のサンドイッチやおやつを。テーブルスタイリングに木のアイテムがあると雰囲気がやさしくまとまる。

MENU
アスパラガス、ベーコン、半熟卵のオープンサンド

木のカッティングボード〈代々木上原の雑貨店 暮らしの店 黄魚で買ったもの〉
ナイフ〈SUNAO〉
フォーク〈Tsubame shinko〉
ペッパー&ソルト〈キッカーランド〉

The best way to enjoy your toast

ひとつだけ好きなパンをあげるとしたらそれは食パン、
しかもトーストで。
外側がカリカリと弾力があって中がもちもち、
ほんのりと甘いのが理想。
何かのコラムに
「厚さ4cmがもっともおいしく感じられる」とあったから、
けっこうぶ厚いけど今度やってみよう。

この日のトーストのおともはエシレバター。パンに塗るバターはちょっと贅沢するのがこだわり。食パンは横浜元町のカフェLENTOのライ麦パン。ライ麦の酸味がやさしくふんわり口の中に広がる。もっちりして小さいサイズなのも好み。

MENU
サイフォンで淹れたコーヒー →P108
ライ麦パンのトーストにバター、ジャム

ステンレスのトレイ〈北欧のビンテージ〉
カップ〈グスタフスベリ〉
プレート〈porvasal〉
バターを入れたガラス皿、木のナイフ〈雑貨店 Madu で買ったもの〉
バターナイフ〈Jean Dubost〉

うちカフェ シチュエーションづくり 4
アイテム ITEM

コーヒーカップやケーキ皿など、テーブル周りのアイテムは、食べものがおいしく見える白いものが多いです。白といっても、クリームがかった白から、青磁のようなすっきりとした青みのある白までさまざまあるので、飽きがきません。差し色として色柄を使うことは好きですが、ついつい集めてしまうのは白いものたちです。

このケーキスタンドは、ドイツはフランクフルトのキッチン雑貨屋で見つけた、ASA Selectionというメーカーのもの。よく作るお菓子はいつも小さなサイズなので、こちらも小ぶりなサイズを選びました。いっさいの装飾が排除されたシンプルで端正な姿は、飽きがこないデザインで、ほかのアイテムとすんなり調和します。

なんとなく集まったものばかりなのですが、どのアイテムも、基本的にはスタイリングしたときにほかのものとなじみやすい、シンプルでありながら、どことなくほっこりと温かみのある感じが多いようです。

小物は、カップボードにカテゴリーごとに重ねたり立てたり、かしこく収納しています。

a ポルトガルの陶芸家、MARGARIDA FERNANDES さんのエスプレッソカップ（上）。〈Margarida Fabrica〉。出番の多い我が家の定番（下）。〈エスプレッソマグ／KoKo／ARABIA〉 *b* 小さなお菓子がのるソーサーが重宝（上）。〈エスプレッソソーサー／oiva／ホワイト／マリメッコ〉。京都のカフェefishで買ったもの（下）。 *c* 那須高原の古道具店で出会った日本製のビンテージポット。 *d* ステンレス、真鍮、白いものとさまざまな表情のカトラリー。雑貨店アンジェ ラヴィサント新宿店で買ったもの（右）。那須塩原の雑貨店SOMA JAPONで買ったもの（中）。北欧のビンテージ、ペーテル・ガードベルグのもの（左）。 *e* カッティングボードやトレイがあるとスタイリングが決まりやすい。代々木上原の雑貨店、暮らしの店 黄魚で買ったもの（上）。目黒通りの家具店リーバイスで買ったもの（左）。雑貨店Maduで買ったもの（右）。 *f* オーバルの皿は、複数の種類のおかずを並べるときにおさまりがよくて便利。どちらも日本のキッチン雑貨店で購入。 *g* かわいい瓶はカフェオレ用のグラス代わりにも。瓶と木のふた（左）〈ともにWECK〉。マルティネリ アップルジュース296mlの空き瓶（右）

93

カフェノマのコーヒーガイド
COFFEE GUIDE BY cafenoma

好きが高じて、日々、いろいろな方法やいろいろな豆で
コーヒーを飲んできました。コーヒー専門家でもない、
あくまで「いちコーヒー好き」なカフェノマが見つけた
コーヒーにまつわる小さなヒントをまとめました。

HOW TO CHOOSE DELICIOUS BEANS

おいしい豆の選び方

カフェノマが考えるおいしい豆について

「ああ、おいしい」。そういえるコーヒーこそが、私たちにとっての"おいしいコーヒー豆"ではないかという気がしています。別のいい方をすれば、「すっきりとした味わいでほどよい酸味があり、毎日何杯でも飲めるコーヒー」でしょうか。専門家ではない私たちには、そのおいしさが、豆が本来持つ味の特徴なのか、焙煎具合によるものなのかが、あまりよくわかっていません。でも、日々さまざまな豆を、好きな抽出器具で淹れて飲むうちに、コーヒー豆にもいろいろな表情があるということが少しずつわかってきました。そして、おいしいコーヒー豆をおいしく飲むための条件もわかってきたような気がします。おいしいコーヒーを飲むために、私たちが今、気にかけていることを紹介しますので、参考にしてみてください。

1 豆の状態で購入する

豆の風味は挽いたあと空気に触れることでどんどん失われていきます。お店では豆のまま購入し、ミルを用意して、飲む直前に、飲む量だけ挽くようにします。

2 小ロットで購入する

100〜200gというような小ロットで購入することで、鮮度のよいうちに飲みきれるようにします。私たちは、最小ロットのパッケージのものを複数購入し、開封したら口をきちんと閉じてできるだけ密封して保存しますが、数日で飲みきるようにします。

3 生産地域や生産方法がわかること

コーヒーは、コーヒー豆の産地やその気象条件、収穫方法、品質管理など、生産現場の状況からも、味わいが異なってくるといわれています。一杯のコーヒーに至る、そのすべての過程を確認できる(=トレーサビリティ)コーヒー豆を、専門店から購入しています。これらのコーヒー(豆)はスペシャルティコーヒーと呼ばれることもあります(P96参照)。

4 シングルオリジンとブレンド

ドリップして飲む場合は、コーヒー豆の味をダイレクトに楽しみたいというのと、日に何度も飲むという理由から、ブレンドされていない浅煎り〜中深煎りのシングルオリジンのコーヒー豆を飲んでいます。ラテなどで飲む場合は、牛乳に負けないしっかりとした味と濃厚な香りを楽しみたいので、中深煎り〜深煎りのブレンド豆を選んでいます。

おすすめ豆ショップ

カフェノマがよく買うのは、都内近郊で入手可能な、トレーサビリティを明確にしているコーヒー専門店。なかでもおすすめの5店を紹介します。

丸山珈琲
軽井沢で24年以上親しまれている、いわずと知れたコーヒー専門店。素材そのものの持ち味を生かす独自の焙煎技術に定評があり、オーナーの丸山健太郎さんは生産国で開催されるコーヒー豆の国際品評会にもっとも参加している国際審査員の1人としても知られている。

堀口珈琲
東京都内に数店舗、店を構え、基本から専門知識まで教えるセミナーなども多く実施しているコーヒー店。誠実で優れた生産者を常に探しながら、コーヒー豆と向き合い、その魅力を引き出すことに力を入れている。

27 COFFEE ROASTERS
生産者とのつながりを大事に、現地の意欲的な生産者とコーヒーを楽しむ消費者を結ぶパートナーショップであることを理念におく、神奈川県藤沢市にあるコーヒー店。非常に小さな農家との取引にも力を入れている。

OBSCURA COFFEE ROASTERS
東京に4店舗(1店舗は焙煎のみ)、広島に1店舗を構える、最高品質のコーヒー豆だけを使用しているコーヒー店。豆との対話を大事に、その豆に合った焙煎で最高の飲み口を追求している。

NOZY COFFEE
東京世田谷にある、シングルオリジンのコーヒーのみを提供している珍しいコーヒー店。コーヒー本来の味を楽しんでもらうべく、コーヒー豆そのものが持つ魅力を引き出す焙煎でコーヒーを提供している。

ガス抜き用バルブ
空気に触れると鮮度が落ちるコーヒー豆。ガス抜き用のバルブがついているパッケージは開封後も密封して保存できるのでおすすめ。

スペシャルティコーヒーとは?
コーヒー豆(種)からカップ一杯に至るまで、すべての工程において適正な品質管理がなされたうえで提供される、素晴らしい風味、特性のあるコーヒーのこと。
(「一般社団法人日本スペシャルティコーヒー協会」の定義による)

飲み方別、おすすめのコーヒー豆

飲み方	ドリップ（ホット）	ドリップ（アイス）	エスプレッソ	カフェ・ラテ
焙煎度合	中煎り	中煎り	深煎り	深煎り
挽き方	中挽き	中挽き	極細挽き	極細挽き
味わいのポイント	ほどよい酸味と、後味の余韻を楽しむ。	ひんやりとした清涼感を楽しむ。	目の覚めるような濃厚な味を楽しむ。ひとかけのチョコとともにどうぞ。	マイルドで甘い牛乳とエスプレッソのマリアージュを楽しむ。

粗挽き
フレンチプレス(P106)に適している粒の大きさで、あっさりとした味わいに仕上がる。好みでペーパードリップ(P100)やネルドリップ(P104)のときにも。

中挽き
ペーパードリップ(P100)やネルドリップ(P104)、サイフォン(P108)、エアロプレス(P110)に適している粒の大きさで、比較的多くのコーヒー器具に向いている。

極細挽き
ほぼパウダー状でエスプレッソマシン(P114)で使用するが、専用のグラインダーが必要。マキネッタ(P112)では、極細挽きよりは目が粗い「細挽き」を使用。

ABOUT MILK & SUGAR
牛乳と砂糖のこと

牛乳のこと
カフェ・ラテやカプチーノなど、牛乳を泡立てる（フォームドミルクを作る）ときは、脂肪分の多いほうが泡立ちやすいので、脂肪分3.6～3.8%ぐらいのものを使用。

砂糖のこと
基本的にはブラックコーヒーを楽しみますが、酸味が特徴のコーヒーの場合、まず半分をブラックで、そのあとにコーヒークリームを入れて一口、最後にざらめを入れていただくのもお気に入り。

BREWING TOOLS&GOODS

ペーパードリップの道具

はじめに挑戦すべきはペーパードリップ。必要な道具も手頃で集めやすく、湯の注ぎ方ひとつで味が変わり、コーヒーの楽しみ方が広がります。

ドリッパー＆フィルター

コーヒーの味を左右する、ドリッパーとフィルター。代表的な2種類をそれぞれ紹介します。

円錐形型

1つ穴の円錐形型ドリッパーで、湯がゆっくり落ちるため、まろやかな味わいになる。もともとはプロ向けに開発されたものだが、今では定番のドリッパーに。コーノ式名門フィルター・クリア〈珈琲サイフォン／P128〉

台形型

ドリッパーの底が平らで3つ穴が等間隔に並んだ台形型ドリッパー。写真はそのなかでも円筒状の新発想の「ウェーブ」タイプで、側面に波状のひだがある専用のペーパーを使う。ウェーブドリッパー155〈カリタ／P128〉

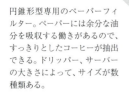

円錐形型専用のペーパーフィルター。ペーパーには余分な油分を吸収する働きがあるので、すっきりとしたコーヒーが抽出できる。ドリッパー、サーバーの大きさによって、サイズが数種類ある。

台形型のウェーブタイプ専用のペーパーフィルターは、側面に波状にひだがある。このひだがあることで、コーヒー粉にムラなく湯を注ぐことができる。味がぶれにくく、安定した味わいになりやすい。

ミル

ミルは大きく分けて、動力源の違いで2種類あります。
挽き目の調整を細かくできると、いろいろなコーヒー器具が楽しめます。

手動ミル
ハンドルをぐるぐる回すだけという、いたってシンプルな構造のミル。省スペースで値段も手頃。細挽き〜粗挽きまで、挽き目の調整は可能だが、エスプレッソマシンで使用するような極細挽きはできない。ミニミル〈カリタ／P128〉

電動ミル
粒が均一にカットされる点が優れていて、喫茶店やカフェなどで使用されているものとほぼ同じ機能という、家庭用では高品質のミル。みるっこ コーヒーミルR-220／富士ローヤル 堀口珈琲オリジナルカラー〈堀口珈琲／P128〉

ドリップポット

コーヒー粉にお湯を注ぐときは、湯量を調節しやすい細い注ぎ口のポットが必須。こちらはパイプの口径が10mmという細さ。

タカヒロ 細口ドリップポット／ディモンシュ オリジナルカラー 0.9L〈カフェ ヴィヴモン ディモンシュ／P128〉
＊写真は旧型で生産終了品。現在は注ぎ口7mmのものが販売されている。

サーバー

取っ手がカラフルなプラスチック製から、「桜」の木で作られた木製まで、数種類のデザインから選べる、かわいいサーバー。ドリッパーとセットで販売。

コーノ式名門ドリッパーセット・ウッドハンドル〈珈琲サイフォン／P128〉。

THE PAPER DRIP COFFEE
ペーパードリップ

家庭でも気軽に楽しめ、扱いも比較的簡単なのがペーパードリップ。湯を入れるとペーパーが適度な油分を吸うので、雑味が少なくすっきりとした味わいに。湯を注ぐ速さや量を安定させるのが難しいのですが、自分好みの淹れ方を見つけ出すなど、コーヒーを淹れる醍醐味も味わえます。

豆の種類	焙煎度合	挽き方	豆の量
ほどよい酸味、フルーティーな豆	好みだが中煎りがおすすめ	中挽き	20g

1つ穴の円錐形型ドリッパー（上）。〈コーノ式名門フィルター・クリア／珈琲サイフォン／P98、128〉。3つ穴が等間隔に並んだ台形型ドリッパー（下）のウェーブタイプ。〈ウェーブドリッパー155／カリタ／P98、128〉

1　豆を挽く（20g／2カップ分）。

2　ドリッパーにペーパーフィルターをのせてサーバーにセットし、湯（適量）を注いでドリッパーとサーバーを温める。＊台形型のウェーブタイプのドリッパーを使う場合は、ペーパーフィルターの波形が崩れてしまうため、ペーパーはのせずに湯を注いで温める。

3　サーバーの湯を捨て、ドリッパーに1を入れる。＊台形型のウェーブタイプのドリッパーを使う場合は、このときにドリッパーにペーパーフィルターをのせて粉を入れる。

4　湯が均一に行き渡るようにするため、ドリッパーの側面を軽くたたいて粉の表面を平らにならす。

粉全体にまんべんなく、ポタポタと落ちるぐらいの速度でゆっくり少量の湯を注ぐ。
＊ドリッパーからすぐに抽出液が落ちてこない程度の湯を注ぐこと。

粉がハンバーグ状に盛り上がるので、そのまま30秒ほど蒸らす。

失敗例
最初から勢いよく湯を注ぐと、うまみが十分に引き出されていない状態でコーヒーができてしまう。粉がふっくらと盛り上がらなかったら失敗例のひとつの目安。＊使用するコーヒー豆自体にガスが含まれていない場合や、挽いてから時間がたった豆の場合は、しっかり蒸らしてもふっくらとハンバーグ状に盛り上がらないこともある。

「の」の字を書くようなつもりで、引き続きポタポタとゆっくり湯を注ぐ。

完成量の半分を注ぐまでは、ひたすらゆっくり湯を注ぐ。＊約半分の湯を注いだ時点で、コーヒーの成分が抽出された状態になる。

半分量を過ぎたら残りは少しスピードを上げて湯を注ぐ。
＊成分が出切った状態なので、このあとはスピードを上げても味はさほど変わらない。

完成量まで達したら湯を注ぐのをやめ、すぐにサーバーからドリッパーをはずしてカップに注ぐ。＊最後のほうはコーヒーのえぐみが出るので、ドリッパーに湯が残っていてもすぐにはずす。

カフェ・オレの作り方

ペーパードリップでおいしいコーヒーが抽出できるようになったら、
アレンジしてみるのも楽しいです。温めた牛乳を加えれば、カフェ・オレのでき上がり。

1
湯(適量)を注いでカップを温める。

2
小鍋に牛乳を入れて70℃手前まで温める。＊沸騰させないように気をつける。

3
ハンドドリップで抽出したコーヒーと牛乳を、湯を捨てた1に注ぐ。＊好みだが、コーヒー：牛乳の分量は1:1ぐらいが目安。

アイスコーヒーの作り方

夏場の暑い時期など、ひんやりとした清涼感も楽しみたいときは、やっぱりアイスコーヒー。
基本的にハンドドリップと作り方は変わりませんが、氷が溶ける分量を配慮して作ります。

1
サーバーに氷(80g)を入れる。

2
ハンドドリップと同様に、挽いた豆(24g／2カップ分)をドリッパーに入れて湯(250ml)を注ぐ。

3
ハンドドリップと同様にコーヒーを抽出し(P100〜101の5〜10参照)、氷を入れたグラスに注ぐ。

水出しアイスコーヒーの作り方

湯ではなく、水でゆっくり時間をかけてコーヒーのうまみを抽出することで、
まろやかな口当たりのアイスコーヒーを作ります。
飲みやすいので我が家では夏の定番です。

1
水出しコーヒー用のパックに挽いた豆（50g／500ml分）を入れて口を閉じる。＊お茶パックでも代用可能だが、サイズが小さいことが多いので2袋使うなど調節する。

2
ピッチャーや瓶などの飲料用の保存容器に1と水（500ml）を入れてそのまま冷蔵庫で保存する。写真は30分経過後。

3
6〜7時間おいて、写真ぐらいに色が濃くなったらコーヒーのうまみが抽出されたサイン。コーヒーパックを除いて保存する。

NEL DRIP COFFEE
ネルドリップ

抽出原理はハンドドリップと同じですが、紙ではなくネル（布地）をフィルターに使うことで、コーヒー豆の持つ適度な油分もフィルターに吸収されることなく抽出されます。そのため、豆本来の持つ酸味や渋み、苦み、コクなどがそのまま楽しめる、独特のこってりした味わいに。ただ、ネルの管理が少々面倒でもあります。

豆の種類	焙煎度合	挽き方	豆の量
ほどよい酸味、フルーティーな豆	好みだが中煎りがおすすめ	中挽き	20g

ネルドリップ専用の、ドリッパーとサーバーが一体型のタイプ。職人による手吹きガラス製というのも魅力。三ノ輪2丁目ネルドリッパー・ハンドル付〈小泉硝子製作所／P128〉＊ハンドル付は生産終了。現在はハンドル無の商品を販売。

ネルの保存方法

使ううちにコーヒー豆の油分が染み込むことで布目がつまって雑味を通さなくなるので、ネルを洗剤などで洗うのはNG。使用後は軽く水洗いして容器に入れ、きれいな水を注いで水に浸った状態で保存する（水は一日1回変えて清潔な状態を保つ）。水分を絞ってから使用する。

1 豆を挽く（20g／2カップ分）。湯（適量）を注いでドリッパーとサーバーを温める。

2 サーバーの湯を捨て、ドリッパーに起毛面が内側にくるようにネルをセットする。

3 ドリッパーに1の粉を入れる。湯が均一に行き渡るようにするため、ドリッパーの側面を軽くたたいて粉の表面を平らにならす。

ペーパードリップ（P100〜101）のときと同様に、粉全体にまんべんなく、ポタポタと落ちるぐらいの速度でゆっくり少量の湯を注ぐ。粉がハンバーグ状に盛り上がるので、そのまま30秒ほど蒸らす。

「の」の字を書くようなつもりで、引き続きポタポタとゆっくり湯を注ぐ。

完成量の半分を注ぐまでは、ひたすらゆっくり湯を注ぐ。

半分量を過ぎたら残りは少しスピードを上げて湯を注ぐ。

完成量まで達したら湯を注ぐのをやめ、すぐにサーバーからドリッパーをはずしてカップに注ぐ。＊写真はサーバーとドリッパーが一体型のため、ネルをはずして注ぐ。

French press
フレンチプレス

もともとはフランスでコーヒー抽出器具として開発されたフレンチプレス。金属のフィルターを使用するため、油分もしっかり抽出され、コーヒー豆の個性や特徴がそのまま味わえます。豆のクオリティがダイレクトに味に出るのですが、それは短所も出てしまうということ。ぜひお気に入りのおいしい豆で試してみてください。

豆の種類	焙煎度合	挽き方	豆の量
シングルオリジンの高品質な豆	中煎り	粗挽き	20g弱

鍋敷き不要の足付フレンチプレス。〈CHAMBORD フレンチプレスコーヒーメーカー／ボダムジャパン／P128〉

粗挽きの目安

写真ぐらいが粗挽きの状態。フレンチプレスのフィルターの目は粗いため、中挽きの粉などを使うと抽出液に微粉が多く混じり、ざらつきを感じる飲み口になってしまう。メーカーによってもフィルターの目の粗さは異なるため、必ずフィルターを見て確認する。

1　プランジャーをポットからはずし、金属フィルターを確認して、この穴を通らないぐらいに、豆を粗挽きにする(20g弱／2カップ分)。＊プランジャーの柄の部分は引き上げておく。

2　ポットに1の粉を入れる。湯が均一に行き渡るようにするため、ポットを軽くゆらして粉の表面を平らにならす。

3

タイマーを4分にセットする。

4

タイマーをスタートさせ、粉全体にまんべんなくなじむように、30秒ぐらいかけてポットの半分ぐらいのところまで湯(150ml)を注ぐ。＊十分に蒸らしながら湯を注ぐのがコツ。

5

完成量までゆっくり湯(150ml)を注ぎ、プランジャーをセットする。＊ここまでの作業で1分ぐらいになっているのが理想。

6

タイマーが4分経過したら、プランジャーをゆっくり静かに押し下げる。

7

蒸らしすぎを防ぐため、あまり時間をおかずにカップに注ぐ。＊一人で2杯分飲む場合、粉に浸った状態でしばらく時間をおくことになるので、一杯目と2杯目で味が異なる。

SIPHON COFFEE MAKER
サイフォン

フラスコ内の気体の蒸気圧の差を利用して
コーヒーを作るサイフォン。
雑味のない、すっきりとしたクリーンな味わいが特徴。
何よりもコーヒーを淹れる過程の
ダイナミックな視覚的演出効果が大きく、
ゆっくり楽しみたい休日などに愛用しています。
ただ、高温に豆が蒸されるため、苦みが出やすい傾向に。

豆の種類	焙煎度合	挽き方	豆の量
ほどよい酸味、フルーティーな豆	中煎り	中挽き	20g

プロも愛用しているというハリオのサイフォンは、フィルターにネルを採用。
〈テクニカ／ハリオ／P128〉

必要な道具を確認する

＊ほかの抽出方法に比べて必要な道具が多いので、サイフォン（フラスコ、ロート、ろ過器、ネル、ふた）、アルコールランプ、マッチ、竹ベラのすべてが揃っているか確認してからはじめるとよい。メーカーによって、竹ベラはサイフォン本体とは別売りの場合がある。

豆を挽く（20g／2カップ分）。ろ過器にネルをはめてロートの底にセットし、バネを伸ばして管の縁にフックを引っ掛ける。

3　フラスコに湯（240ml）を注ぐ。

フラスコにロートを斜めに差し込む。＊ロートに引っ掛けてあるボールチェーンを湯に浸すことで、加熱時の突沸を防ぐ。

アルコールランプに火をつけてフラスコを加熱する。沸騰したらロートを正しく差し込んで2の粉を入れ、ロートを軽くゆらして粉の表面を平らにならす。

湯がフラスコからロートに上がってきたら、ヘラで軽く混ぜて湯と粉をよくなじませる。フラスコの湯が残りわずかになったらアルコールランプをはずして火を消す。

ロートからフラスコに抽出液が落ちはじめるので、そのまま待つ。

抽出液が全量フラスコに落ちたら、ロートをはずす。

カップに注ぐ。

AERO PRESS
エアロプレス

注射器のようなユニークな形状のエアロプレスは、
空気の圧力を利用したコーヒー抽出器具。扱いも簡単で、
誰でも安定した味わいが作りやすいのはうれしいところ。
豆の量や挽き方、湯量の違いで、
軽い味わいのものからエスプレッソのような濃厚なものまで、
変幻自在に作れるのも魅力です。

豆の種類	焙煎度合	挽き方	豆の量
コクのある豆	中深煎り	中挽き	20g

コーヒー抽出器具としてはニューフェイスのエアロプレス。〈エアロプレスコーヒーメーカー／エアロビー〉

必要な道具を確認する

1

＊サーバーはエアロプレスには付属されていないので、手持ちのものを使用する（写真はミルクピッチャーだが、1人分の場合などはカップにそのまま落としても）。

2

豆を挽く（20g／2カップ分）。チャンバー底のキャップをはずす。

3

キャップにペーパーフィルターをセットし、チャンバーの底にセットする。

4 チャンバーに2の粉を入れる。湯が均一に行き渡るようにするため、チャンバーの側面を軽くたたいて粉の表面を平らにならす。

5 チャンバーをサーバーの上にのせ、湯(250ml)を注ぎ、ヘラで混ぜて湯と粉をよくなじませる。

6 プランジャーをチャンバーにセットし、20〜30秒蒸らす。プランジャーの底はゴム製になっているため、気密性を保ちながら十分に蒸らすことができる。

7 プランジャーを20〜30秒かけてゆっくり静かに押し下げる。

8 プランジャーが底についたらサーバーからチャンバーをはずし、カップに注ぐ。チャンバーの底のキャップをはずしてペーパーフィルターごと粉を捨てる。

MACCHINETTA
マキネッタ

沸騰した水の蒸気圧を利用して、エスプレッソに近いコーヒーを抽出できるイタリア発の直火式のコーヒーメーカー。手軽ですが、火を止めるタイミングなどコツは必要です。ドリップ式では味わえない、独特の深み、コクを利用して、ストレートはもちろん、カフェ・ラテやアフォガート（P117）などのバリエーションも楽しめます。

豆の種類	焙煎度合	挽き方	豆の量
エスプレッソ用のブレンド豆	深煎り	細挽き	20g

イタリア老舗メーカーのマキネッタは、ヒゲのおじさんがトレードマーク。〈モカ・エキスプレス／ビアレッティ／P128〉

1　豆を挽く（20g／エスプレッソカップ3杯分）。マキネッタを回して上部と下部のポットに分け、下部ポットに水（140ml）を注ぐ。

2　金属フィルター（バスケット）に1の粉を入れ、スプーンの底などを利用して軽くたたくようにして押し固める。

3　バスケットを下部ポットにセットし、上部ポットを合わせて回す。＊きつく締めて、きちんと上下のポットがつながったか確認する。

4　ふたを開けて直火にかけ、マキネッタの底からはみ出ない程度の火力で加熱する。＊吹きこぼれる可能性があるので、コツをつかむまではふたは開けておくとよい。コンロの五徳が大きくマキネッタが安定しない場合は、網などを敷いて直火にかける。

ボコボコと湯が上がってコーヒーが抽出されはじめたら火を止める。全量抽出し終わったら、蒸らしすぎを防ぐため、あまり時間をおかずにカップに注ぐ。

カフェ・ラテの作り方

マキネッタで作ったコーヒーをそのままストレートで味わうのもいいですが、
牛乳を加えてカフェ・ラテにしてもおいしい。
マイルドで甘いミルクと深みとコクのあるコーヒーとのマリアージュを楽しめます。

1. フォームドミルクを作る電動泡立て器を用意する。湯（適量）を注いでカップを温める。＊カップはなるべく大きめのものがよい。

2. 小鍋に牛乳を入れて70℃手前まで温める。ピッチャーに移し入れ、電動泡立て器で20〜30秒泡立ててフォームドミルクを作る。＊沸騰させないように気をつける。

3. マキネッタもしくはエスプレッソマシン（P114）で抽出したコーヒーをカップに注ぎ、2のフォームドミルクを注ぐ。＊好みだが、コーヒー：牛乳の分量は1:2ぐらいが目安。

4. 最後にしっかり泡立ったフォームドミルクを表面にのせるように注げば完成。

ESPRESSO
エスプレッソマシン

高圧で瞬間的に濃いコーヒー（エスプレッソ）を抽出する機械で、雑味が少なく、深いコク、苦み、酸味や甘みのバランスが絶妙です。味をまろやかにする濃厚なクレマ（泡の層）を味わえるのは、このマシンならでは。高価で手入れが多少面倒ではありますが、カプチーノなどの本格的なアレンジコーヒーも楽しめます。

豆の種類	焙煎度合	挽き方	豆の量
エスプレッソ用のブレンド豆	深煎り	極細挽き	20g

見た目も美しくおしゃれな、スペイン発のエスプレッソマシン。フォームドミルクも簡単に作れる。〈エスプレッソマシン Dream UP／アスカソ〉

1　タンクに水（適量）を入れてセットする。＊各メーカーによって手順は異なるので、説明書に準ずること。

2　真ん中のスイッチを入れ、ボイラーの準備をする＊ボイラーの準備がととのうまでに少し時間がかかるので、その間に豆の用意をする。

3　豆（20g／エスプレッソカップ2杯分）をエスプレッソ専用のグラインダーで挽き、フィルターをセットしたホルダーに粉を入れる。＊ここではアスカソのコーヒーグラインダーを使用。

4　ミル（手動、電動ともに）ではできないので、必ずエスプレッソ専用のグラインダーを使って極細挽きにする。

ホルダーに入れた粉をダンパーで押し固める。

右側のスイッチが点灯したらボイラーの準備が完了した印。右側のスイッチを下に下げ、軽く湯抜きする。右側のスイッチを元に戻す。

エスプレッソマシンにホルダーをセットし、ピッチャーをおく。＊ピッチャーはマシンに付属されていないので、手持ちのものを使用する（ここではエスプレッソ用ショットピッチャーを使用。1人分の場合などはカップにそのまま落としても）。

右側のスイッチを押して、ピッチャーにエスプレッソを抽出する。メモリまで抽出したら（およそ20秒）スイッチを戻し、カップに注ぐ。＊表面のクレマはエスプレッソマシンでしか作れないもの。このままでもおいしいし、カフェ・ラテ（P113）にしても。

エスプレッソのアレンジ

深いコクと苦みのあるエスプレッソに砂糖や牛乳などを加えると、
まったく違った味わいが楽しめます。
うちカフェでよく作る、アレンジレシピ4つです。

＊エスプレッソの作り方はP114〜115を参照。いずれもマキネッタ（P112）で作った濃いコーヒーで代用可能。

デザインカプチーノの作り方

1 エスプレッソをカップに約30ml注ぐ。
2 牛乳90mlでフォームドミルク（P113）を作る。
3 1に2を静かに注ぎ、最後に泡を表面にのせるようにする。
4 チョコレートソースをストライプ状にかけ、そのストライプと直角に交わるように竹串を入れ、模様を描く。

ベイリーズコーヒーの作り方

1 エスプレッソをカップに約30ml注ぐ。
2 コーヒーと同量のフォームドミルク（P113）を作る。
3 1にベイリーズ オリジナル アイリッシュクリーム（大さじ1）とざらめ（大さじ1／2）を加えてよく混ぜる（分量は好みで調節）。2を静かに注ぎ、最後に泡を表面にのせるようにする。厚紙などで好みの型を作り、カップの上にのせてココアパウダーをふる。

〈ベイリーズ オリジナル アイリッシュクリーム〉
アイルランド生まれのバニラの香り漂う、甘みのあるクリーム系リキュール。酒屋などで広く販売されている。

小豆アフォガートの作り方

1 エスプレッソカップにバニラアイス(適量)をディッシャーなどで丸くととのえて入れ、ゆで小豆(缶詰・加糖/大さじ2)を添える。
2 上からエスプレッソを注ぎ、スプーンでよく混ぜながらいただく。

＊あれば市販のクッキーを添えるとなおおいしい。

氷コーヒーの作り方

1 エスプレッソを製氷器に入れてキューブ状に凍らす。
2 1をグラスに入れ、冷たい牛乳を注いで溶かしながらいただく。

＊好みでコーヒーシロップ(P22)を加えてもおいしい。

コーヒーのおとも1

体にやさしい豆腐のおやつ

うちカフェに欠かせない、甘いもの。カロリーや体のことも
気になるので、豆腐やおからを使った、
体にやさしいおやつを手作りするようになりました。

おからケーキ

作り方(12×6.5×高さ5cmのパウンド型2個分強)

1　好みのドライフルーツ(80g)をラム酒(大さじ2)に浸す。

2　薄力粉(70g)、アーモンドプードル(20g)、ベーキングパウダー(小さじ2/3)を合わせてふるう。

3　ボウルに卵(2個)を溶き、三温糖(70g)を加えてよく混ぜる。牛乳(60ml)、米油(40ml)を順に加えてそのつどよく混ぜ、生おから(100g)も加えて混ぜる。2も加えて混ぜ合わせたら、1の汁をきって加えて混ぜ、型に入れて170℃のオーブンで35～40分焼く。

バナナ豆腐スコーン

作り方（6〜8個分）

1. 絹豆腐（50g）は泡立て器でなめらかになるまで混ぜ、バナナ（80g／中1本分）はフォークでつぶす。
2. ボウルに薄力粉（230g）とベーキングパウダー（小さじ2）を合わせ、クリームチーズ（72g／kiri4切れ分）を加える。手でつぶしながら粉とよくすり合わせ、米粒状にする。
3. 2に塩（小さじ1／2）、1、メープルシロップ（大さじ1）を加えてヘラでざっくりと混ぜる。粉っぽさがなくなったら生地を数回折りたたみ、約3cm厚さにととのえる。6〜8等分に切り、190℃のオーブンで20分焼く。

豆腐生チョコ

作り方（15.5×12.5×高さ2.5cmのバット1個分）

1. 一晩水きりした絹豆腐（150g）をフードプロセッサーにかけ、なめらかになったら溶かしたチョコレート（150g）とチョコレートリキュール（小さじ1）を加えて続けて撹拌する。
2. バットにクッキングペーパーを敷き、1を流し入れて冷凍庫で2時間ほど冷やし固める。一口大に切り、ココアパウダー（大さじ3）をふる。

豆腐ティラミス

作り方（15.5×12.5×高さ2.5cmのバット2個分）

1. 一晩水きりした木綿豆腐（400g）とマスカルポーネチーズ（100g）、練乳（大さじ4）、コーヒーリキュール（小さじ2）、シナモンパウダー（少々）をフードプロセッサーにかけてなめらかにする。
2. ぼうろ（適量）をちぎってバットに敷き詰め、コーヒーリキュール（小さじ1／3）とエスプレッソ（60ml）を合わせたものをふりかける。1を表面にのせ、冷蔵庫で1〜2時間冷やす。食べる直前にココアパウダー（大さじ1〜2）をふる。

軽い食感の焼き菓子、丸ボウロを生地に使用。カステラなどでも代用可。

コーヒーのおとも 2
パン食セット

ぶ厚めに切った食パンをトーストして、
コーヒーをたっぷりとカップに注ぐ、
そんな朝食も大好きです。
シンプルな朝食に華を添える、
我が家のベストアイテムがこちら。

ジャム

オーストラリア、ダルボのいちごジャム（左）は、派手さはないけれど果物の含有率70%で毎日食べても飽きのこない、昔懐かしい味のジャム。スイーツガーデン、YUJI AJIKIのアプリコットジャム（右）は、酸味が絶妙でヨーグルトにも。

バター＆チーズ

パンに十字に切れ目を入れて、バターをたっぷり染み込ませるのがお気に入り。DEAN&DELUCA（上）のバターは塩分が引き立っておいしい。フランス、シャンパーニュ地方のCAPRICE des DIEUX（下）のチーズは、柔らかくてクセがなく、食べやすい。ミニサイズが使いやすい。

半熟卵

トーストには、黄身がとろっと流れ出てくるような半熟卵を合わせるのが好き。卵と一緒に水からゆでることで、ゆで上がりの絶妙なタイミングを知ることができるエッグタイマー、BURTONの「EGG-PERFECT」は我が家の必需品。

サラダ・ソーセージ

サラダは葉ものに、オリーブやカリカリベーコン、マッシュルーム、トマトなどをトッピング。ドレッシングはエキストラヴァージンオリーブオイルにバルサミコ酢、レモン汁、マヨネーズ、塩、こしょうを。ソーセージは三田屋がお気に入り。

コーヒーのおとも3
手軽なサンドイッチ

小さなフライパンをお皿代わりに熱々のままサーブしたり、
パンにはこんがりとおいしそうな焼き目をつけたり、
ほんの少しの工夫が、うちカフェのテーブルを盛り上げます。

アスパラガスの
オープンサンド

作り方(1人分)
小さめの食パン(1枚)にミニアスパラガス(7〜8本
／根元は1cmほど切る)をのせて塩、こしょう(各少々)
をし、ピザ用チーズ(40g)をのせてパルメザンチー
ズをふり、トースターでチーズが溶けるまで焼く。
＊アスパラの下にベーコンをのせたり、上に半熟卵
をのせてもおいしい。

ツナとブラックオリーブのサンドイッチ

作り方(2人分)

1. ツナ缶(オイル漬け/2缶)とアクを抜いた玉ねぎのみじん切り(1/8個分)、マヨネーズ(大さじ2)、酢(小さじ1)を混ぜ、塩、こしょう(各少々)で味をととのえる。
2. グリルパンなどで食パン(6枚切り/4枚)をこんがりと焼き、バター(適量)を塗る。パン2枚で、サニーレタス(2枚:2人分で4枚)、1の半量、種を除いてみじん切りにした黒オリーブ(2人分で大さじ2強)、アクを抜いてスライスした紫玉ねぎ(1/8個分:2人分で1/4個分)を挟み、切り分ける。

クロックムッシュ

作り方(2人分)※写真は1人前四切り

1. 卵(4個)を溶きほぐし、牛乳(大さじ6)、マヨネーズ(大さじ2)、塩、粗挽き黒こしょう(各少々)を加えてよく混ぜ、食パン(8枚切り/4枚)を浸す。
2. 1のパン2枚でとろけるチーズ、ハム(各1枚:2人分で各2枚)を挟み、熱したフライパンにバター(適量)を溶かして両面をこんがりと焼く。好みのサイズに切り分ける。

昔の喫茶店風、卵サンドイッチ

作り方(2人分)

1. 卵(4個)を溶きほぐし、マヨネーズ(大さじ1)、牛乳(大さじ1)、砂糖(小さじ1)、塩、こしょう(各少々)を加えてよく混ぜる。
2. フライパンを弱〜中火で熱してバター(適量)を溶かし、1の半量を流し入れる。フライパンの端からたたみ込むようにして四角い形にととのえる。これを2枚作る。
3. 食パン(8枚切り/4枚)の2枚にバター(適量)を、もう2枚にマヨネーズ、ケチャップ、マスタード(各小さじ1)を混ぜたものを塗る。
4. バターを塗ったパンに薄く切ったきゅうり(1本分)、2を順にのせ、もう1種類のパンで挟む。濡れ布巾をかけて5分ほどおいたら耳を落として切り分ける。

cafenoma Q & A

Instagramにいただく質問など、よく聞かれることにまとめてお答えいたしました!

Q1 一日何杯コーヒーを飲むのですか?

普段はブラックで一日に3杯ぐらい飲むことが多いです。
そのときの気分で、ラテなど牛乳を合わせることもあります。

Q2 季節ごとに合ったコーヒーの飲み方があったら教えてください。

暑い夏はやっぱりアイスコーヒーでさっぱりと。
特に水出しコーヒーはまろやかで飲みやすく気に入っています。
寒くなってくると、ポコポコとお湯が沸き上がる
サイフォンで作るコーヒーが恋しくなります。
エスプレッソやマキネッタで作る濃いコーヒーベースのカフェ・ラテは、
季節を問わず、ホットでもアイスでも1年中はずせないメニューです。

Q3 コーヒーの楽しみ方にコツがあったら教えてください。

豆を挽くことからはじめると楽しいと思います。
コーヒー豆がカランカランと金属製のミルに当たる音を聞いたり、
ガリガリと挽く手応えを感じたり……。
ほのかにただようコーヒーのいい香りに包まれながら、無心になれる時間です。

Q4 コーヒーに合うおすすめの和菓子はありますか?

こっくりと甘い和菓子は、意外にもブラックコーヒーと相性がいいものです。
おすすめは、横浜元町、「香炉庵」の黒糖どらやき。
そして仙台の「白松がモナカ本舗」のミニモナカ。
こちらはひと口サイズというサイズ感もブラックコーヒーのおともにぴったりです。

Q5 お気に入りのスイーツ、お菓子屋を教えてください。

東京、東急東横線の学芸大学駅すぐにある
「マッターホーン」のバームクーヘンがしっとりしていておすすめです。
コーヒー片手のひと口スイーツなら、
三重県、津市の「T2菓子工房」のりんごのチョコレート、
東京、浅草にある「ケーキハウスタカラヤ」のオレンジチョコレートも外せません。

Q6 お気に入りのパン屋を教えてください。

東京、世田谷区にある「ヴァン・ドゥ・リュド」ではおかずパンを、ご近所横浜にもある、「ブーランジェリー・ジャン・フランソワ」ではバゲットを好んで買っています。
そのほか、東京は品川、広尾、大阪は梅田、福岡では天神など、全国に数店舗ある、ニューヨーク発祥の
「THE CITY BAKERY」の食パンもよく購入するものです。

Q7 コーヒーにまつわる好きな映画があれば教えてください。

なんといっても『ツイン・ピークス』。
できればブラックコーヒーとドーナツを用意して観ることをおすすめします。

Q8 好きな音楽はありますか?

(主に1950年代の)
ジャズスタンダードを歌う女性ボーカルのアルバムなどを好んで聞いています。
そのほか、ボサノバやクラシックのピアノ曲など静かな音楽も好きですが、どの音楽もコーヒーを飲むときに合いそうな気がします。

Q9 コーヒー空間の作り方、こだわりがあったら教えてください。

以前働いていた仕事の関係上、
日本各地や世界中のカフェを訪れる機会が頻繁にありました。
そのときに出合った、たくさんのお気に入りのカフェが、
今の空間作りのお手本になっています。

Q10 スタイリングで心掛けていることがあったら教えてください。

お気に入りのカトラリーやテーブルウェアをついつい並べたくなるのですが、ときには何かを「足す」というより、「引く」ということが大事なのではと思っています。余白が生み出す「間」や「抜け感」のようなものを意識して、あれこれ試行錯誤する毎日です。

EPILOGUE
おわりに

「自宅の心地よい空間でゆっくり過ごしながら
おいしいコーヒーを飲む。」

私たちの思い描く贅沢は、こんなシンプルなものです。

でも、これがなかなか難しくて、
気に入らないものはおきたくないし、
キレイで洗練されすぎた空間は落ち着かないと、
一日中部屋を見渡したりする日があれば、
突然クローゼットの中が気になって、
部屋の大掃除がはじまったりする日もあります。

こんな私たちだからこそできる
毎日が少しだけ楽しくなるちょっとした工夫やアレンジを
大好きなコーヒーを通して提案できればと
2人のそれぞれの趣味を生かしてはじめたのが、
Instagramへの投稿でした。

はじめはほんのわずかなひとたちが
覗いてくれていたInstagramも
気がつけばあっという間に、日本国内のみならず
世界中のたくさんの方が見てくださるようになり、
コメントをいただいたり、プレゼントを贈っていただいたりと、
思わぬ交流が生まれたことはとてもうれしい誤算でした。

本書では、あくまで私たち好みの、
コーヒーのある暮らしを提案させていただきましたが、
忙しく慌ただしい日々のなか、
ほんの一瞬でも心からリラックスできる場所が自宅であったら
とても素敵なことです。

そんな暮らし作りのお手伝いとなるヒントが
この本からひとつでも見つけていただけたとしたら
こんなにうれしいことはありません。

cafenoma 　弓庭暢香・刈込隆二

うちカフェ
自宅で楽しむ
本格コーヒーとカフェインテリア

2015年12月1日 初版第1刷発行

著者　cafenoma　カフェノマ

発行者　滝口直樹

発行所　株式会社マイナビ出版
〒101-0003
東京都千代田区一ツ橋2-6-3 一ツ橋ビル2F
TEL　0480-38-6872（注文専用ダイヤル）
　　　03-3556-2731（販売部）
　　　03-3556-2735（編集部）
URL　http://book.mynavi.jp

印刷・製本　大日本印刷株式会社

＊定価はカバーに記載してあります。
＊落丁本、乱丁本はお取り替えいたします。お問い合わせはTEL0480-38-6872（注文専用ダイヤル）、または電子メールsas@mynavi.jpまでお願いいたします。
＊本書について質問等がございましたら、往復はがき、または封書の場合は返信用切手、返信用封筒を同封のうえ、㈱マイナビ出版事業本部編集第2部までお送りください。お電話でのご質問は受け付けておりません。
＊本書の一部、または全部について、個人で使用するほかは、著作権法上㈱マイナビ出版および著作権者の承諾を得ずに無断で複写、複製することは禁じられております。

ISBN 978-4-8399-5750-6
©2015 cafenoma
©2015 Mynavi Publishing Corporation
Printed in Japan

cafenoma　カフェノマ

航空会社に長年勤務し、国内外問わず、世界中をくまなく回った弓庭暢香（ゆば・のぶか）と、webプロデューサー、ディレクターとして活躍する刈込隆二（かりこみ・りゅうじ）の夫婦ユニット。弓庭の好きなコーヒーや雑貨、インテリアと、刈込の趣味の写真という2人の好きなものを共同で形に残したいと、Instagramで「cafenoma」名義で写真を投稿しはじめる。その暮らしぶりやインテリアが好評を得て、瞬く間に、フォロワー数9万人を超える人気インスタグラマーに。コーヒー好きとして、日々コーヒーにまつわるあれこれを発信中。

オフィシャルサイト　http://cafenoma.style
Instagram　https://instagram.com/cafe_no_ma/

STAFF
写真　刈込隆二、林ひろし（P2〜7、30、56、76、90、96〜123）
スタイリング　弓庭暢香
デザイン　芝 晶子、仲島綾乃（文京図案室）
編集協力　遊馬里江
校正　西進社

コーヒー器具と豆の問い合わせ先

カフェ ヴィヴモン ディモンシュ
TEL 0467-23-9952　http://dimanche.shop-pro.jp/
カリタ
TEL 045-440-6444　http://www.kalita.co.jp/
小泉硝子製作所
TEL 03-3803-3741　http://www5b.biglobe.ne.jp/~kgs/
珈琲サイフォン株式会社
TEL 03-3946-5481　http://www.coffee-syphon.co.jp/
ハリオ
TEL 0120-398-207　http://www.hario.com/
ビアレッティ（株式会社ストリックデザイン）
TEL 03-3383-2112　http://bialetti.jp/
ボダムジャパン
TEL 03-5775-0681　http://www.bodum.co.jp
堀口珈琲
TEL 03-5438-2143　http://www.kohikobo.co.jp/
丸山珈琲
TEL 0267-26-5556　http://www.maruyamacoffee.com/
27 COFFEE ROASTERS
TEL 0466-34-3364　http://27coffee.jp/
NOZY COFFEE
TEL 03-5787-8748　http://www.nozycoffee.jp/index2.php
OBSCURA COFFEE ROASTERS
TEL 03-5432-9188　http://obscura-coffee.com/

＊本書でご紹介しているアイテムはすべて私物です。上記の問い合わせ先が記載されていないアイテムについてはすべて販売されていない商品も多数あります。著者、編集部、メーカーへのお問い合わせはご遠慮くださいますようお願い申し上げます。